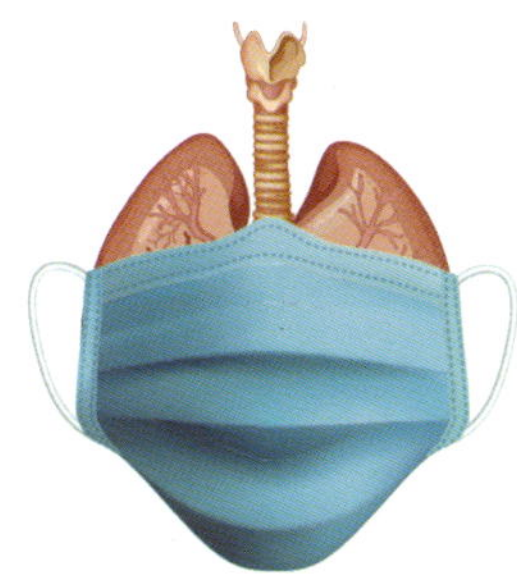

尘肺病工伤保险

图解宣传手册

编写组 张龙连 王琛亮 马卫国 高 岱
杜晓静 马 璨 崔云杰

中国劳动社会保障出版社

图书在版编目（CIP）数据

尘肺病工伤保险图解宣传手册 /《尘肺病工伤保险图解宣传手册》编写组编. -- 北京：中国劳动社会保障出版社，2020

ISBN 978-7-5167-4842-8

Ⅰ. ①尘…　Ⅱ. ①尘…　Ⅲ. ①尘肺-工伤保险-中国-图解　Ⅳ. ①F842.61-64

中国版本图书馆 CIP 数据核字（2020）第 227779 号

中国劳动社会保障出版社出版发行

（北京市惠新东街 1 号　邮政编码：100029）

*

北京市艺辉印刷有限公司印刷装订　新华书店经销

787 毫米×1092 毫米　32 开本　1.5 印张　40 千字

2020 年 11 月第 1 版　2020 年 12 月第 2 次印刷

定价：15.00 元

读者服务部电话：（010）64929211/84209101/64921644

营销中心电话：（010）64962347

出版社网址：http://www.class.com.cn

目录

尘肺病工伤保险

CHENFEIBING GONGSHANG BAOXIAN

依法参加工伤保险

老公，什么叫职业病啊？就是尘肺病吗？

尘肺病只是职业病中的一种，不过它却占职业病病例总数的90%呢！

尘肺病是我国最严重、最常见的职业病，列入《职业病分类和目录》。截至2018年年底，我国累计报告职业病97.5万例，其中尘肺病87.3万例，约占报告职业病病例总数的90%。

2019年12月2日，人力资源和社会保障部、国家卫生健康委员会联合发布《关于做好尘肺病重点行业工伤保险有关工作的通知》，从2020年起，在煤矿、非煤矿山、冶金、建材等尘肺病重点行业开展工伤保险扩面和工伤预防专项行动，将尘肺病重点行业职工依法纳入工伤保险范围。

尘肺病与工伤保险相关法律规定：依据《中华人民共和国职业病防治法》《中华人民共和国社会保险法》《工伤保险条例》，用人单位应依法参加工伤保险，工伤保险费由用人单位缴纳，职工不缴纳。

职工因工作原因患职业病，且经工伤认定的，享受工伤保险待遇，其中经劳动能力鉴定丧失劳动能力的，享受伤残待遇；职工被诊断患有职业病，但用人单位没有依法参加工伤保险的，其医疗和生活保障由用人单位承担。

尘肺病诊断与鉴定

好，我再拨打12320卫生热线确定一下……

我从卫生健康部门网站查到了，“煤矿医院”有职业病诊断的资质。

尘肺病诊断

尘肺病作为一种法定职业病，具有法定的诊断程序。如果怀疑罹患尘肺病，职工、用人单位及其代理人可以向用人单位所在地、职工本人户籍所在地或者经常居住地的有职业病诊断资质的医疗卫生机构申请职业病诊断。诊断机构名录可以通过当地卫生健康行政部门网站查询，或者拨打12320卫生热线咨询。

申请尘肺病诊断时，职工应当填写“职业病诊断就诊登记表”，并提交下列材料：①职工职业史和生产性粉尘接触史；②职工职业健康检查结果；③工作场所历年粉尘检测资料；④职工身份证复印件；⑤与诊断有关的其他资料。

职业病诊断机构组织3名以上单数取得职业病诊断资格的执业医师依据职业病诊断标准，结合职工职业病危害接触史、工作场所职业病危害因素检测与评价结果、临床表现和医学检查结果等资料进行集体诊断，作出诊断结论，并出具职业病诊断证明书。

尘肺病鉴定

职业病诊断和鉴定费用由用人单位承担。

职工、用人单位或其代理人对职业病诊断结论有异议的，在接到职业病诊断证明书之日起30日内可以向诊断机构所在地设区的市级卫生健康行政部门申请鉴定（首次鉴定）。如果对市级鉴定结论仍不服的，在接到职业病诊断鉴定书之日起15日内可以向原鉴定机构所在地省级卫生健康行政部门申请再鉴定（最终鉴定）。

尘肺病工伤认定

依据《工伤保险条例》第十四条第（四）项规定，职工患职业病的，应认定为工伤。

尘肺病工伤认定流程

提出工伤认定申请

用人单位可在职工被诊断、鉴定为职业病之日起30内向统筹地区社会保险行政部门提出工伤认定申请。用人单位未按规定时间提出申请的，职工或其近亲属、工会组织可在职工被诊断、鉴定为职业病之日起1年内直接向用人单位所在地统筹地区社会保险行政部门提出工伤认定申请。提出工伤认定申请时应提交下列材料：①工伤认定申请表；②与用人单位存在劳动关系（包括事实劳动关系）的证明材料；③职业病诊断证明书。

受理申请和调查核实

社会保险行政部门收到工伤认定申请后，应当在15日内进行审核，对材料完整的，作出受理或者不予受理的决定；对材料不完整的，应当一次性书面告知申请人需要补正的全部材料。社会保险行政部门在进行工伤认定时，对申请人依法取得职业病诊断证明书或者职业病诊断鉴定书的，不再进行调查核实。

作出工伤认定决定

社会保险行政部门应当自受理工伤认定申请之日起60日内作出工伤认定的决定，并书面通知申请工伤认定的职工或者其近亲属和该职工所在单位；对受理的事实清楚、权利义务明确的工伤认定申请，应在15日内作出工伤认定的决定。

职工或者其近亲属、用人单位对不予受理决定不服或者对工伤认定决定不服的，可以依法申请行政复议或者提起行政诉讼。

尘肺病劳动能力鉴定

劳动能力鉴定是指劳动功能障碍程度和生活自理障碍程度的等级鉴定。劳动功能障碍分为十个伤残等级，最重的为一级，最轻的为十级。生活自理障碍分为三个等级：生活完全不能自理、生活大部分不能自理和生活部分不能自理。

尘肺病劳动能力鉴定流程

提出劳动能力鉴定申请

职工患尘肺病被认定为工伤，经治疗病情相对稳定后存在残疾、影响劳动能力的，应当进行劳动能力鉴定。劳动能力鉴定由用人单位、工伤职工或者其近亲属向设区的市级劳动能力鉴定委员会提出申请，并提交相关材料。

受理申请，作出鉴定结论

对申请人提供材料完整的，设区的市级劳动能力鉴定委员会从医疗卫生专家库中随机抽取3名或5名职业病相关科别专家组成专家组，根据尘肺病职工病情，结合职业病诊断情况，依据《劳动能力鉴定 职工工伤与职业病致残等级》（GB/T 16180—2014）提出鉴定意见，自收到鉴定申请之日起60日内作出劳动能力鉴定结论，并自作出鉴定结论之日起20日内将劳动能力鉴定结论送达工伤职工及其用人单位。

再次鉴定与复查鉴定

尘肺病工伤职工或者其用人单位如果对初次鉴定结论不服，可以在收到该鉴定结论之日起15日内向省、自治区、直辖市劳动能力鉴定委员会申请再次鉴定，再次鉴定结论为最终结论。

自劳动能力鉴定结论作出之日起1年后，工伤职工、用人单位认为伤残情况发生变化的，可以申请复查鉴定。

尘肺病工伤保险待遇

尘肺病职工被认定为工伤后，按《工伤保险条例》规定享受相关工伤保险待遇。

工伤医疗及康复待遇

包括尘肺病治疗及相关补助待遇（住院伙食补助费、到统筹地区以外就医的交通食宿费）、工伤康复待遇、安装配置伤残辅助器具待遇等。

尘肺病工伤职工需要暂停工作接受工伤医疗的，在停工留薪期内原工资福利待遇不变，由所在单位按月支付。停工留薪期一般不超过12个月，伤情严重或者情况特殊，经批准可适当延长，但延长不得超过12个月。生活不能自理的工伤职工在停工留薪期需要护理的，由所在单位负责。

停工留薪期待遇

伤残待遇

根据劳动能力鉴定的劳动功能障碍程度和生活自理障碍程度等级不同，尘肺病工伤职工可享受分级的一次性伤残补助金、伤残津贴、一次性工伤医疗补助金、一次性伤残就业补助金和生活护理费等。

工亡待遇

尘肺病伤残职工在停工留薪期内因尘肺病病因死亡的，其近亲属可享受丧葬补助金和供养亲属抚恤金、一次性工亡补助金；一级到四级尘肺病伤残职工在停工留薪期期满后死亡的，其近亲属可以享受丧葬补助金和供养亲属抚恤金。

相关费用的支付标准参阅《工伤保险条例》。社会保险咨询电话：12333。

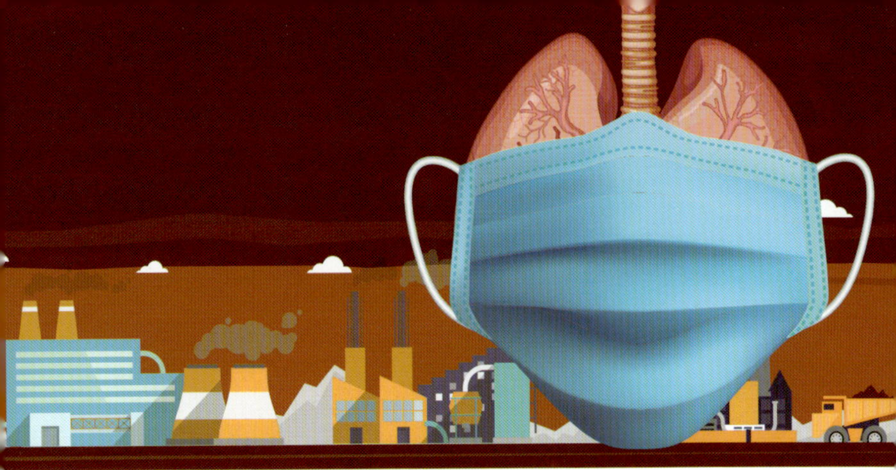

尘肺病工伤预防与康复

CHENFEIBING GONGSHANG YUFANG YU KANGFU

认识尘肺病

什么是尘肺病

尘肺病是一种因长期吸入生产性矿物性粉尘，并在肺内潴留而引起以肺组织弥漫性纤维化病变为主的全身性疾病。

在国家现行《职业病分类和目录》中，13种尘肺病被列为我国法定职业病。

粉尘是导致尘肺病的“元凶”，是指能较长时间悬浮在空气中的微小固体颗粒。生产过程中易产生粉尘，且粉尘中游离二氧化硅含量高、浓度高的行业和岗位都属于尘肺病的高危行业和岗位，如矿山开采行业中掘进、开采、凿岩、爆破、支柱、运输岗位等；金属冶炼行业中粉碎、烧结岗位等；机械制造行业中铸配砂、造型，铸件清砂、喷砂及电焊岗位等；建筑材料和耐火材料制造行业中破碎、碾磨、筛选、拌料岗位等。

尘肺病的高危行业和岗位

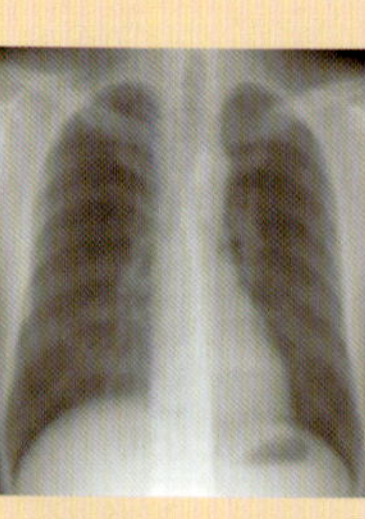
正常肺 X 线胸片

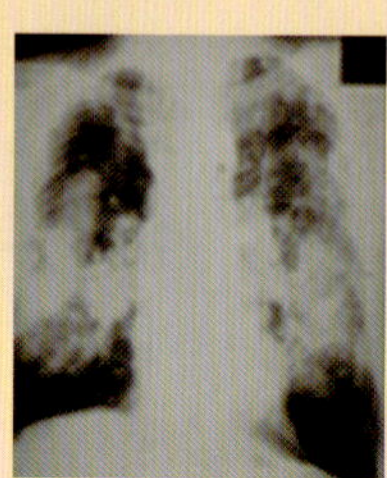
尘肺 X 线胸片

尘肺病的典型症状

早期尘肺病多无明显症状和体征，或有轻微症状，往往被患者忽视，肺功能也多无明显变化。随着病情的发展，尘肺病的症状逐渐出现并加重，主要是以呼吸系统为主的咳嗽、咳痰、胸痛、呼吸困难四大症状，以及喘息、咯血和全身症状。尘肺病患者由于长期接触生产性粉尘，呼吸系统的清除和防御机制受到严重损害，加之尘肺病慢性、进行性的长期病程，患者的抵抗力明显降低，常常发生各种并发症/合并症，如呼吸系统感染、气胸、肺结核、慢性阻塞性肺疾病（COPD）和慢性肺源性心脏病（肺心病）等。

尘肺病的预防——综合防尘

在生产劳动过程中防止接触粉尘和降低环境中粉尘的浓度可以有效预防尘肺病的发生，综合防尘措施可以概括为“八字方针”——“革、水、密、风、护、管、教、查”。

“革”是指改革工艺、革新设备，如机械化、自动化、隔室监控等，避免接触粉尘。

“水”是指湿式作业，如湿式碾磨、湿式凿岩、喷雾洒水等，防止粉尘飞扬，降低环境粉尘浓度。

“密”是指密闭尘源，采用密闭管道输送、密闭设备加工，防止粉尘外逸。

“风”是指通风除尘，全面机械通风或局部机械通风，安装通风除尘器。

“护”是指个体防护，佩戴防尘口罩或防尘面具等。

“管”是指建立健全用人单位防尘降尘制度并认真执行落实，如粉尘危害防治责任制、工作场所职业病危害因素检测评价等制度。

“教”是指培训教育，对用人单位负责人、职业卫生管理人员和接触职业病危害的劳动者进行教育培训。

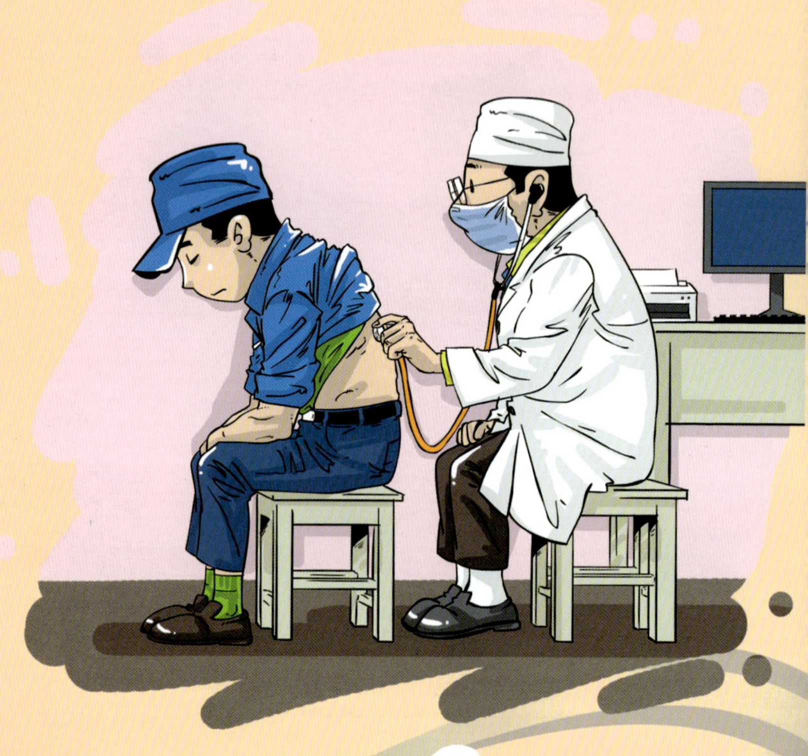

“查”是指职业健康检查，包括上岗前、在岗期间、离岗时职业健康检查，及早发现职业禁忌证和疑似尘肺病病人。

尘肺病的预防——职业健康检查

做好对接尘劳动者的职业健康检查是预防尘肺病的重要手段，包括上岗前健康检查、在岗期间定期健康检查和离岗时健康检查，对于接尘工龄较长的劳动者还要按规定做离岗后的随访检查。

上岗前健康检查主要是排除职业禁忌，以四种疾病为主，包括活动性肺结核病、慢性阻塞性肺病、慢性间质性肺病和伴肺功能损害的疾病。

在岗期间定期健康检查主要是诊断劳动者的健康变化与其所接触的粉尘是否有关系，包括X线胸片的变化和肺功能的改变等。

在岗期间职业健康检查周期

粉尘名称	生产性粉尘分级	检查周期
矽尘、石棉粉尘	Ⅰ级	每2年检查一次
	Ⅱ级及以上	每1年检查一次
煤尘	Ⅰ级	每3年检查一次
	Ⅱ级及以上	每2年检查一次
其他致尘肺病的无机粉尘	Ⅰ级	每4年检查一次
	Ⅱ级及以上	每2～3年检查一次

离岗时健康检查主要是确定劳动者在停止接触粉尘时的健康状况，以界定与用人单位的法律关系。

离岗后健康检查（医学随访），虽然是推荐性的，但是由于工作期间已经进入肺部的粉尘（尤其是矽尘）对肺组织具有持续性的致纤维化作用，脱离粉尘作业后劳动者仍可发生尘肺病，或使原有尘肺病加重。因此，对于从事过粉尘作业5年以上的劳动者，离岗后还应进行定期医学随访，以便早期发现尘肺病或及时掌握原有尘肺病的病情进展情况。

职业健康检查费用由用人单位承担。

尘肺病的预防——个人防护

在接触粉尘工作场所中，劳动者佩戴适合的防尘口罩，可有效防止粉尘的吸入，达到辅助性防护作用。用人单位应向劳动者提供符合防尘要求的劳动防护用品。

选用自吸过滤式防尘口罩时注意事项

口罩要能有效地阻止粉尘进入呼吸道。在口罩的包装上应该印有生产许可标志。特别提醒的是，一般的纱布口罩是没有防尘作用的。

根据工作场所存在的粉尘性质和浓度不同选择不同类型的防尘口罩。随弃式自吸过滤式防尘口罩（俗称一次性防尘口罩）只适用于工作场所空气中氧含量＞19.5%，设有有害气体，且粉尘浓度不超过10倍职业接触限值的环境，否则就应使用防护等级更高的呼吸防护器。

口罩要适合佩戴者的脸形，能有效地阻止粉尘吸入，且戴上口罩后呼吸不费力，当防尘口罩出现任何部件（如鼻夹、鼻夹垫等）破损、断裂和缺失，以及明显感觉呼吸阻力增加时，应废弃整个口罩。

如何佩戴防尘口罩（随弃式自吸过滤式防尘口罩）

面向口罩无鼻夹的一面，两手各拉住一边耳带，使鼻夹位于口罩上方。

用口罩抵住下巴。

将耳带拉至耳后，调整耳带至感觉尽可能舒适。

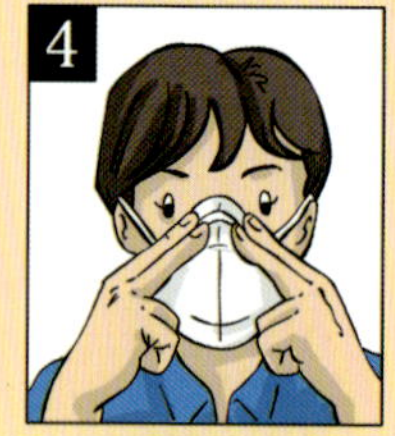

将双手手指置于鼻梁金属鼻夹中部，一边向内按压，一边顺着鼻夹向两侧移动指尖，直到将鼻夹完全按压成鼻梁形状为止。

每次在进入工作区域之前，使用者必须检查口罩与脸部的密合性：

（1）用双手罩住口罩，避免影响口罩在脸上的位置。

（2）如果口罩无呼吸阀，快速呼气；如口罩带呼吸阀，快速吸气。

（3）如空气从鼻梁处泄漏，应按步骤4重新调整鼻夹；如空气从口罩边缘泄漏，应重新调整头带，如不能取得良好的密合，应重复步骤1~4。

（4）如没有感觉泄漏，可以继续佩戴。

尘肺病的治疗与康复

老头子，抗生素
可不能大把乱吃!

早诊断、早治疗、早康复

按规定进行职业健康检查，结合职业接触史发现症状及早就医，在医生的指导下对症治疗。

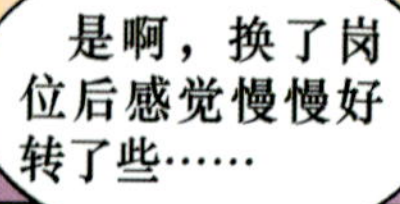

脱离粉尘环境

已患尘肺病或有尘肺病症状，应立即离开粉尘工作环境，治病休养或调换工作岗位，调整重体力劳动为较轻的体力劳动。

调整心态、面对压力

对尘肺病要有正确的认识，配合医生积极治疗，减轻心理负担，避免产生沮丧、无助、依赖的负面情绪。

加强身体锻炼

应该在日常生活中加强身体锻炼，除了普通锻炼外，可着重加强心肺功能的锻炼，如做呼吸操、吹气球、深呼吸等。

养成良好的生活习惯

必须戒烟戒酒。吸烟会使肺功能受损，痰液和有毒物也难于排除，又会引起肺气肿，加重尘肺病病情，必须戒除。长期过量饮酒会使肝功能受损，引致高血压、心脏病等多种疾病。此外，要养成良好的卫生习惯，经常换洗衣服、晾晒被子，定期开窗保持房间通风，不随地吐痰，保持环境卫生，这样可以减少肺炎和肺结核的发生。

参加工伤保险

保障职工权益

职业与健康相伴

生活与精彩同行